my love, _____에게

for your love

The
BOOK
of
LOVE
ANSWERS

내 사랑의 해답

CAROL BOLT

SHOWBEE
PICTURES

THE BOOK OF LOVE ANSWERS™
Copyright ⓒ 2002 by Carol Bolt
All rights reserved

Korean Translation Copyright ⓒ 2012
by SHOWBEE PICTURES
Korean translation rights arranged with Chandler Crawford Agency Inc.,
Through EYA(Eric Yang Agency)

이 책의 한국어판 저작권은 EYA(Eric Yang Agency)를 통해
Chandler Crawford Agency Inc.와 독점계약한
'쇼비픽쳐스㈜'에 있습니다.
저작권법에 의하여 한국 내에서 보호를 받는 저작물이므로
무단전재와 복제를 금합니다.

출판사와 저자는 'The Book of Love Answers: 내 사랑의 해답'의
조언이나 답에 따른 결과에 대한 어떠한 책임도 없음을 미리 밝혀둡니다.

'내 사랑의 해답' 사용법

1. 책을 덮은 채로 손이나 무릎 또는 테이블에 놓는다.

2. 10~20초 동안 당신의 질문에 집중한다.
   질문은 한번에 하나씩, 완전한 문장으로 하는 것이 좋다.
   (예: "이 사람이 내 인연이 맞나요" 또는
   "지금 그/그녀의 화난 마음을 어떻게 풀어야 할까요?"…)

3. 질문에 집중하는 동안 한 손은 책 표지 위에 올리고, 다른 한 손은
   손가락 끝으로 페이지 모서리를 훑는다.

4. 질문에 대한 답을 볼 준비가 되었다고 느껴질 때, 손가락을 멈춘다.
   멈춘 곳의 페이지를 열면, 바로 당신의 질문에 대한 답이 있다.

5. 질문이 있을 때마다, 같은 방법으로 답을 얻을 수 있다.

   답을 구하시나요? 이 책 속에 있습니다.

진솔한 대화로 해결해라

너무 부담 주지는 마라

가끔씩 깜짝쇼도 필요하다

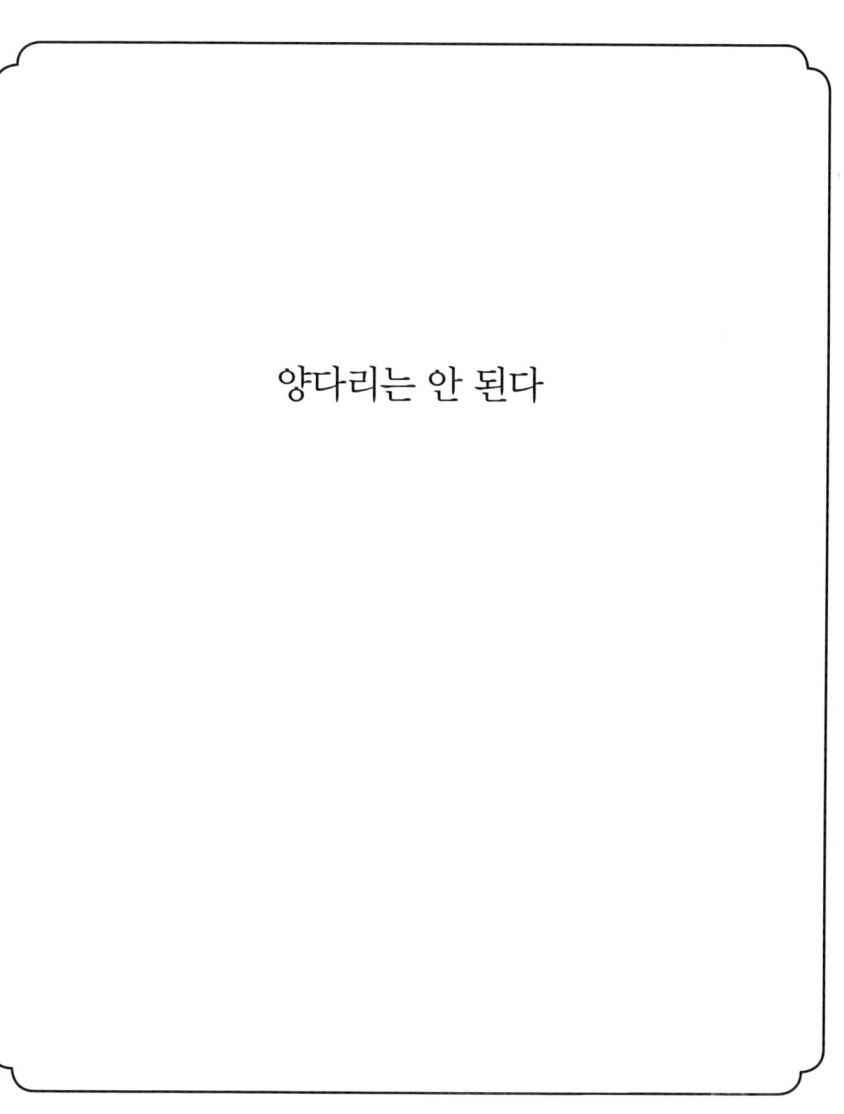

양다리는 안 된다

아직 성사된 것은 아니다

적극적인 대쉬가 필요하다

파트너의 리드에 따라라

또 다른 대안도 준비해 두어라

그것이 당신에게 무슨 득이 되는가

용기가 사랑을 이루어지게 하리라

수다 떨고 있을 때가 아니다

이대로 정착한다면
후회하게 될 것이다

충분한 가치가 있다

심각할 때는 아니다

잘 해 왔다

본격적으로 해 보라

얼마나 '빨리' 가느냐가 아니라,
얼마나 '길게' 가느냐가 중요하다

당신의 엣지를 보여주어라

물고 늘어지는 것을 조심하라

다른 가능성도 열어두어라

크게 생각하라

뭔가 특별한 것이 필요하게
될 것이다

마음을 공략하라

결과는 값질 수도 있다

핸들을 잡았으면, 드라이브를 즐겨라

자신을 억압하지 마라

큰 것을 기대하라

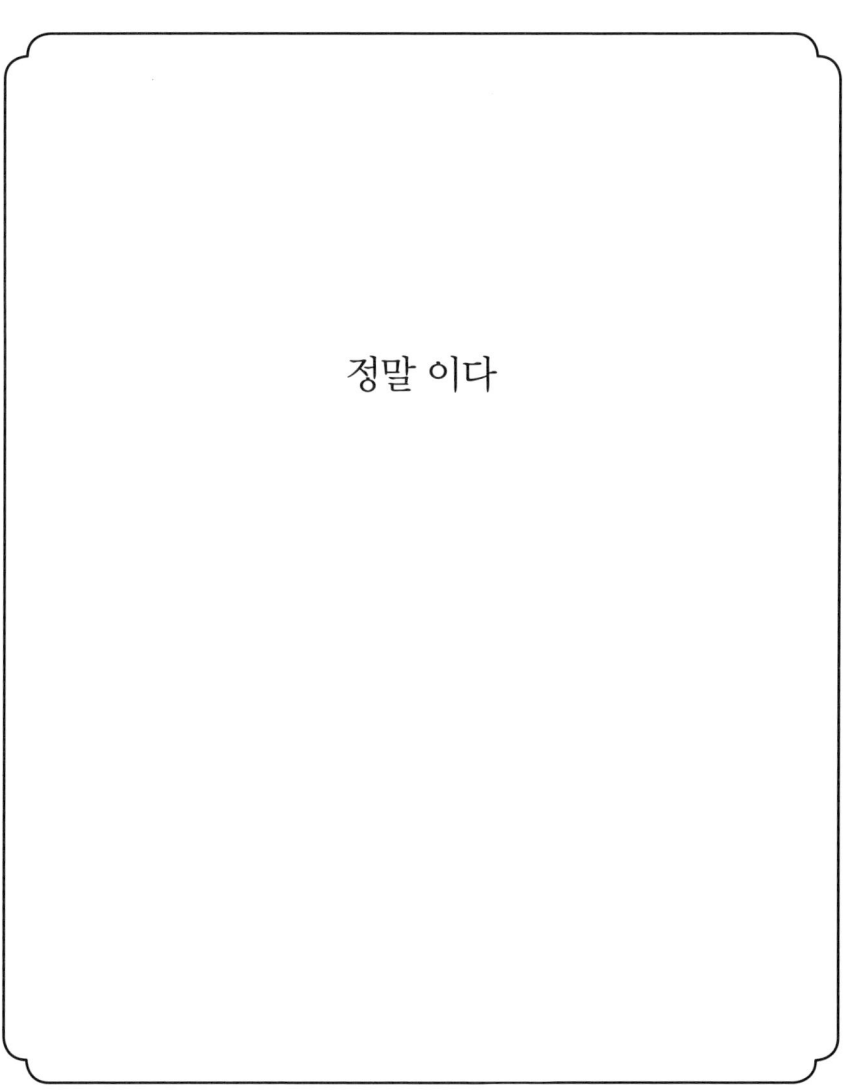

정말 이다

빠져들도록 하라

스캔들에 대비하라

지금은 키스 : 대화는 나중에

당신이 '온리 원'이라는 것을
확실히 해두어라

선의를 이용하지 마라

너무 조심한다고 행복해 지는 것은
아니다

잡을 수 있다면 잡아라

가져라 아니면 잃을 것이다

조금 더 뜸을 들여라

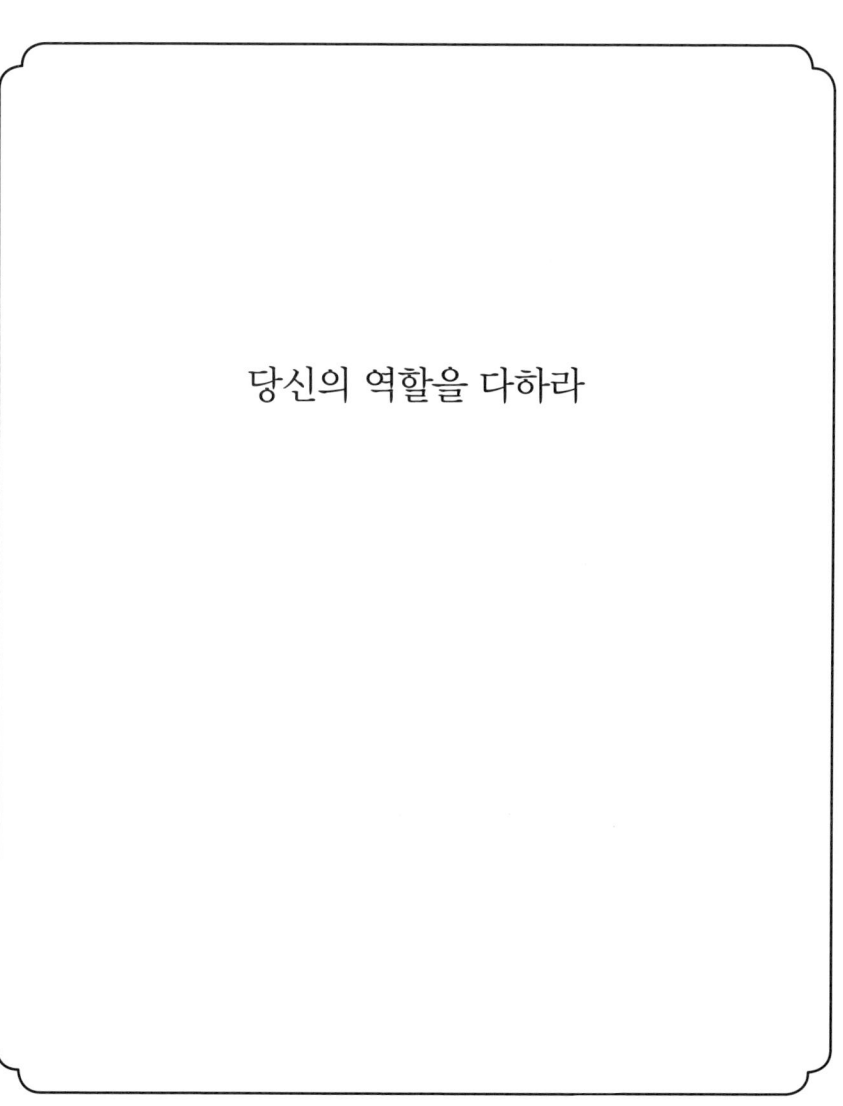

상황은 당신이 만들기 나름이다

우선 좋은 친구가 되어라

흐름에 맡기는 것이 현명하다

숨은 속뜻을 알아차려라

경쟁이 있다는 걸 명심하라

처음부터 시작하되,
당신의 방식으로 이끌도록

타협 해야 할 것이다

더 많은 것을 요구하라

전화도 받지마라

뜨거운 것을 원하게 될 것이다

지금은 대화; 키스는 나중에

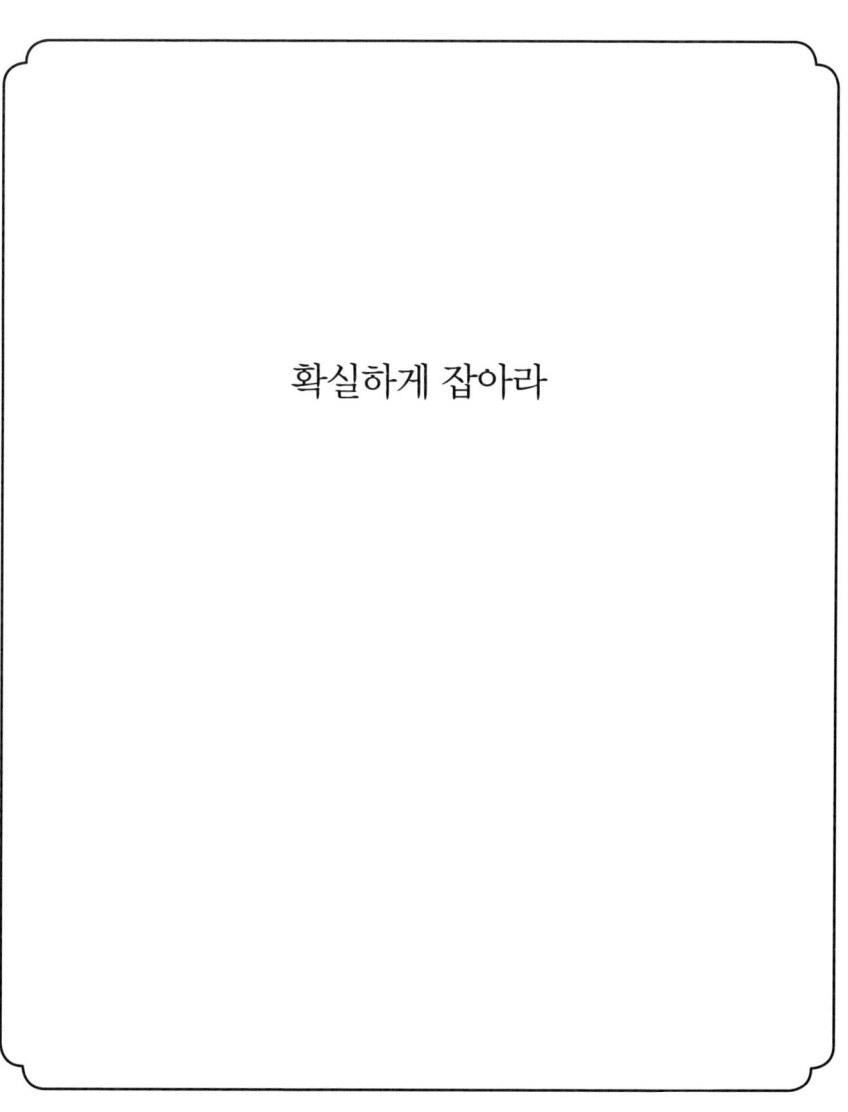

확실하게 잡아라

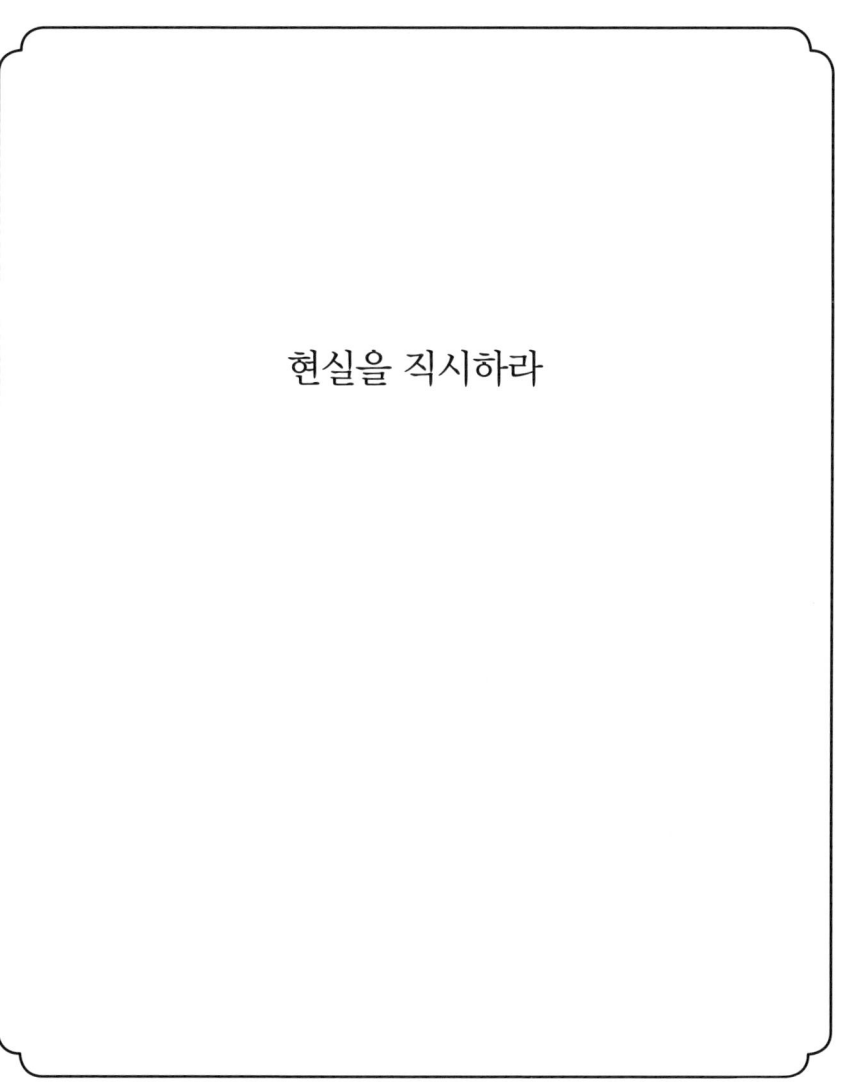
현실을 직시하라

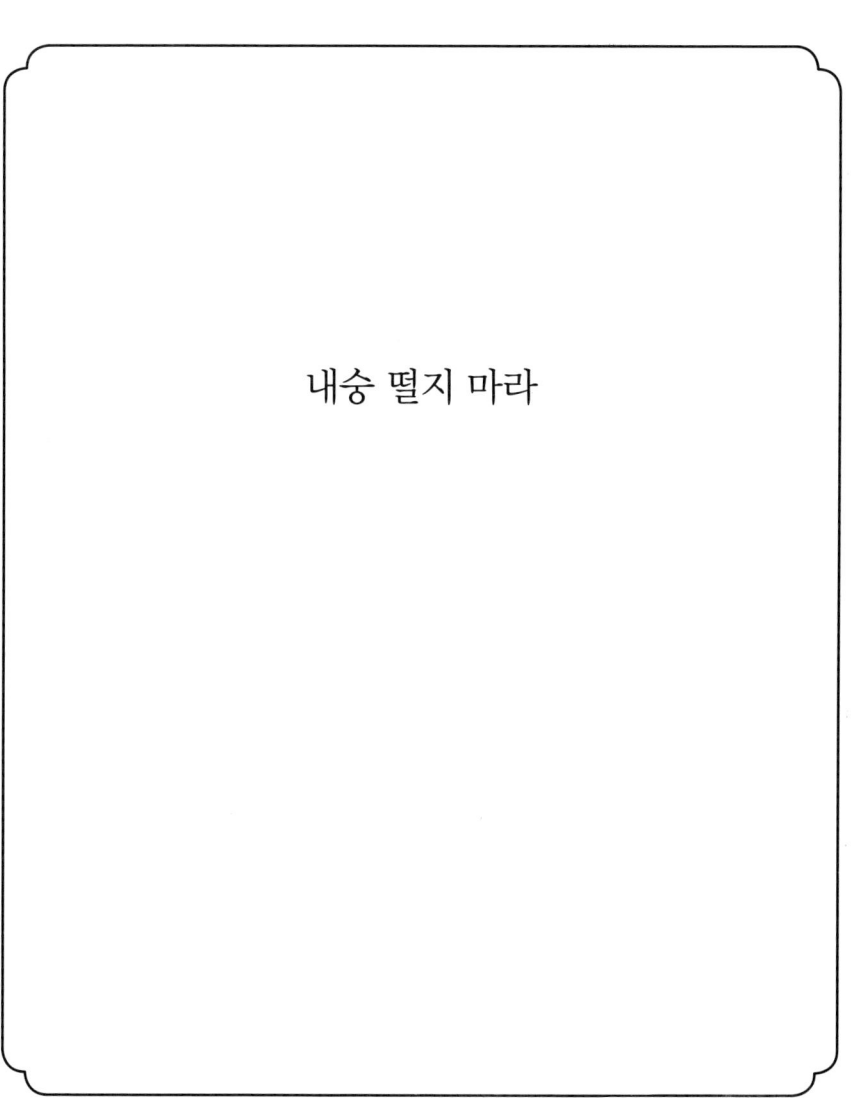

내숭 떨지 마라

꽃을 보낼 때다

진심이 담긴 듯이 행동하라

예

혼동해선 안된다

복잡해 질 수 있다

판타지가 이루어 질 것이다

게임처럼 즐겨라

지나친 감상은 금물이다

평생 갈 가능성이 크다

당신이 원하는 것을 안다면; 가서 가져라

단, 흥미가 있다는 가정하에

당신이 '온리 원'이 아니라는 것이
신경에 거슬린다

위기다;
해결책을 강구하라

사랑이 찾아 올 것이다

사랑을 다짐하라

눈을 높여라

도발적으로

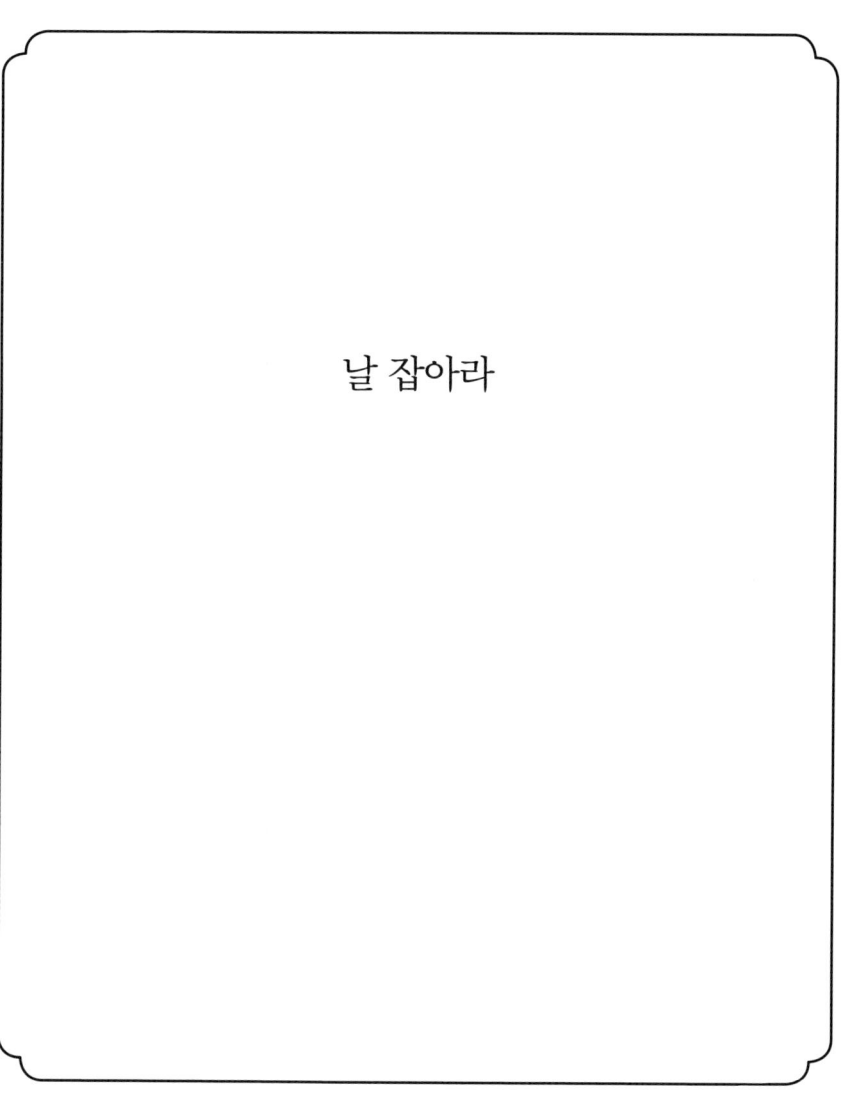

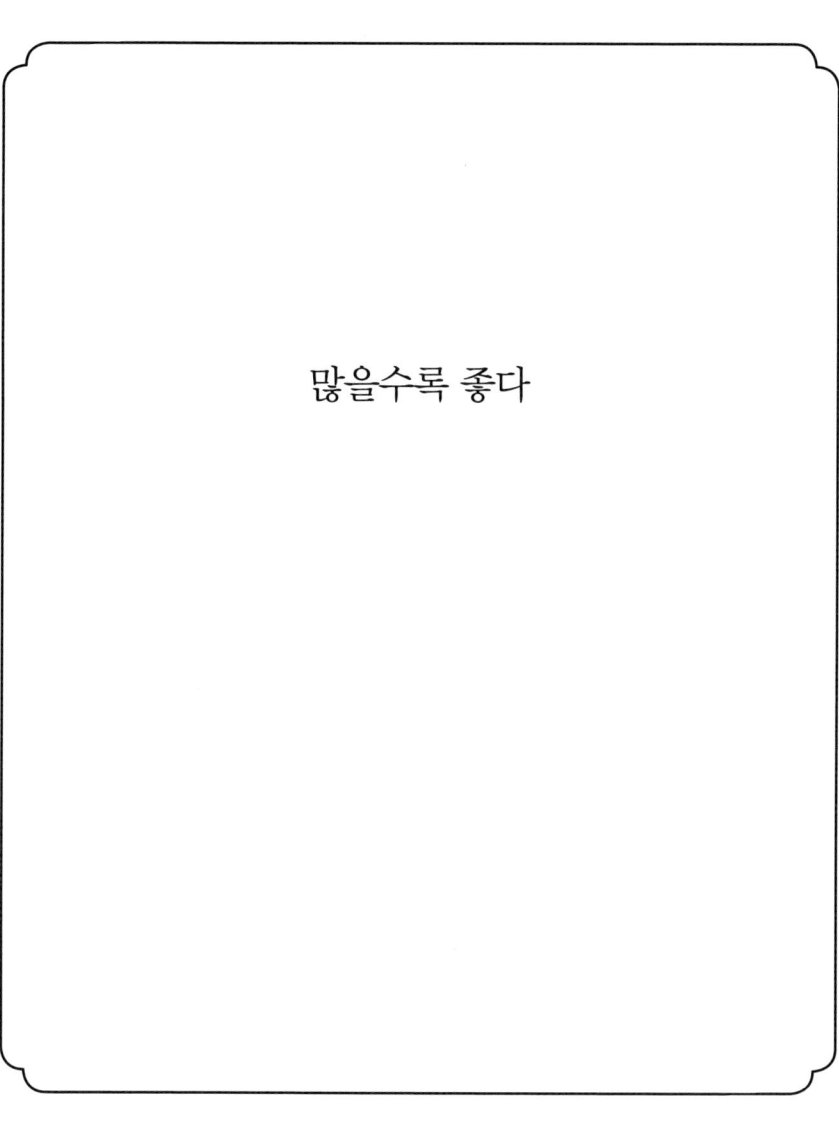

거부할 수 없다는 것을 알 게 될 듯

'전희'라고 생각하라

당신이 원하는 것을 명확히 하라

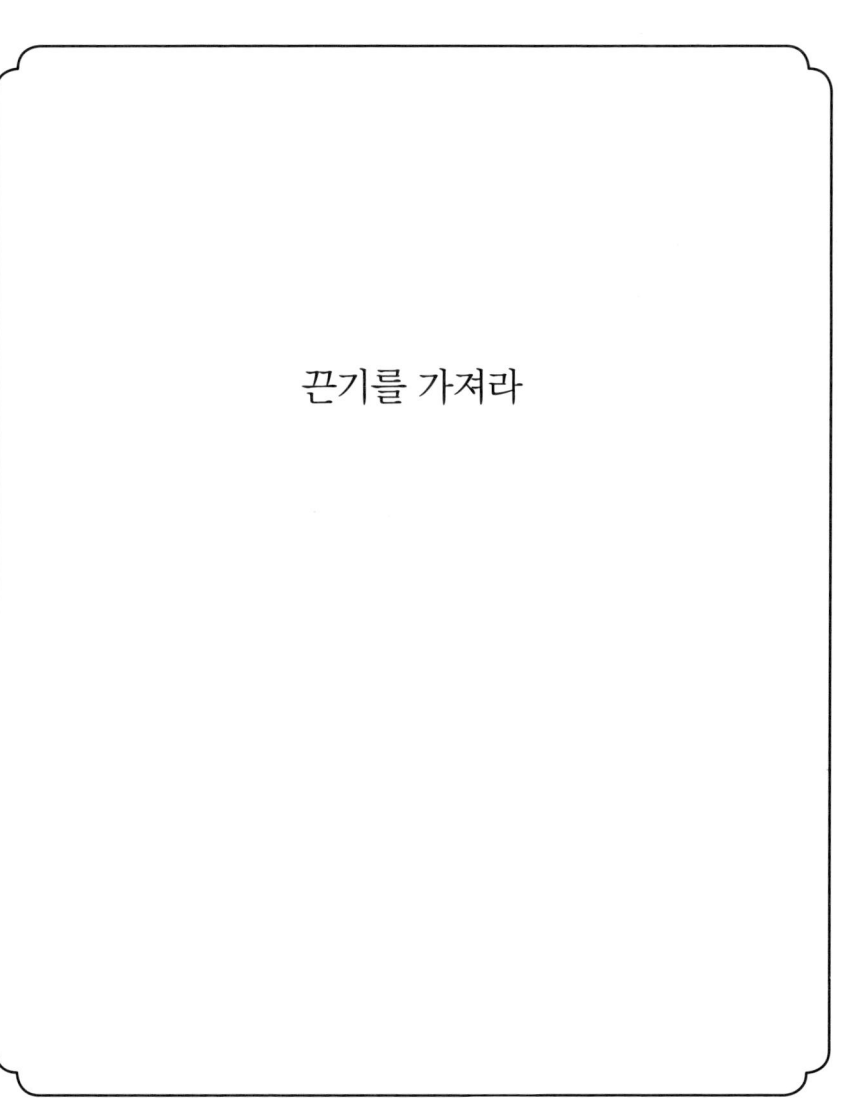

끈기를 가져라

당신 취향대로 마음 껏

새로운 무언가를 시작하라

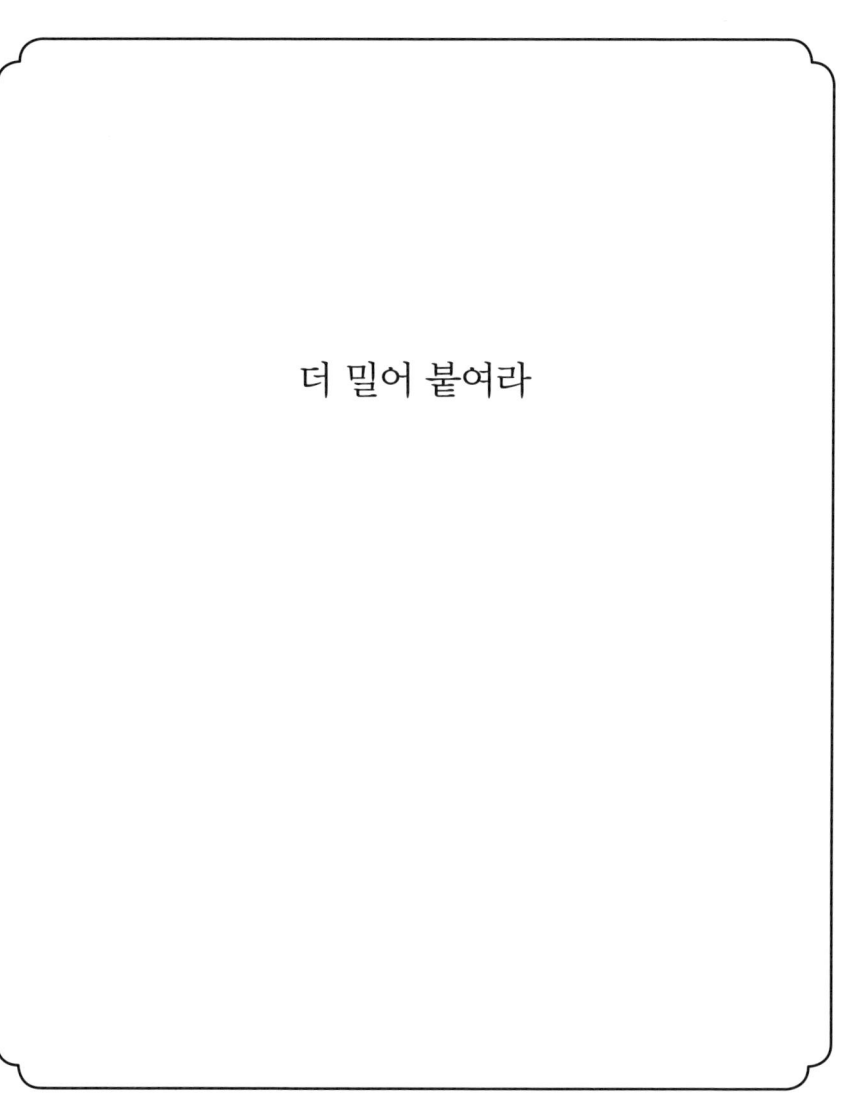

일단 대기

당신의 방식으로 사로잡아 버려라

원인을 밝혀내라

자신감이 최상의 묘약이다

어떤 비밀도 갖지 마라

'서프라이즈'로 만들어라

3자 개입이 예상된다

제3자는 동의하지 않을 지도

조언이 필요할 것이다

질문 먼저; 대답은 나중에

♥

지금은, 비밀로 간직하라

상대가 물을 때 까지 기다려라

원칙을 세워라

상상력을 동원하라

태연한 척하라; 너에게 달렸다

시키는대로 하라

기뻐하라

작업하라, 작업하라, 작업하라

빨리 해치워라

잘 넘겨라

하나의 과정일 뿐이다

꿋꿋이 버텨야 할 것이다

당신 스타일이 아니다

사랑은 쉽게 이루어지지 않는다

너무 오래 기다리지는 마라

오늘 밤이 고비다

너무 표현하지 마라

생각해 볼만 한 다른 사람들도 있다

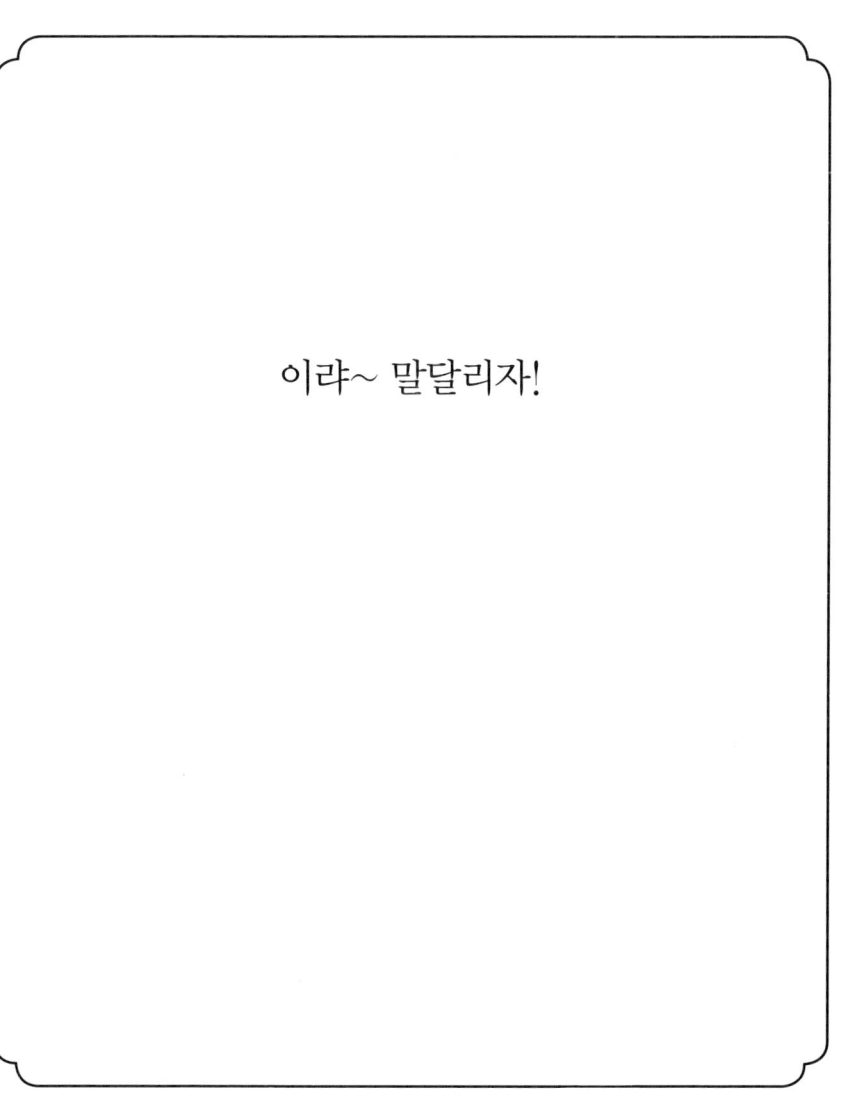

당신이 전화해라

수수함이 더 오래가는 법이다

급하게 서두르지 마라

이상형을 다시 생각하라

조금 더 당신 스타일대로

당신이 '온리 원'이 아니다

조금 더 미묘한 방법을 써라

달콤 할 것이다

전력투구 하라

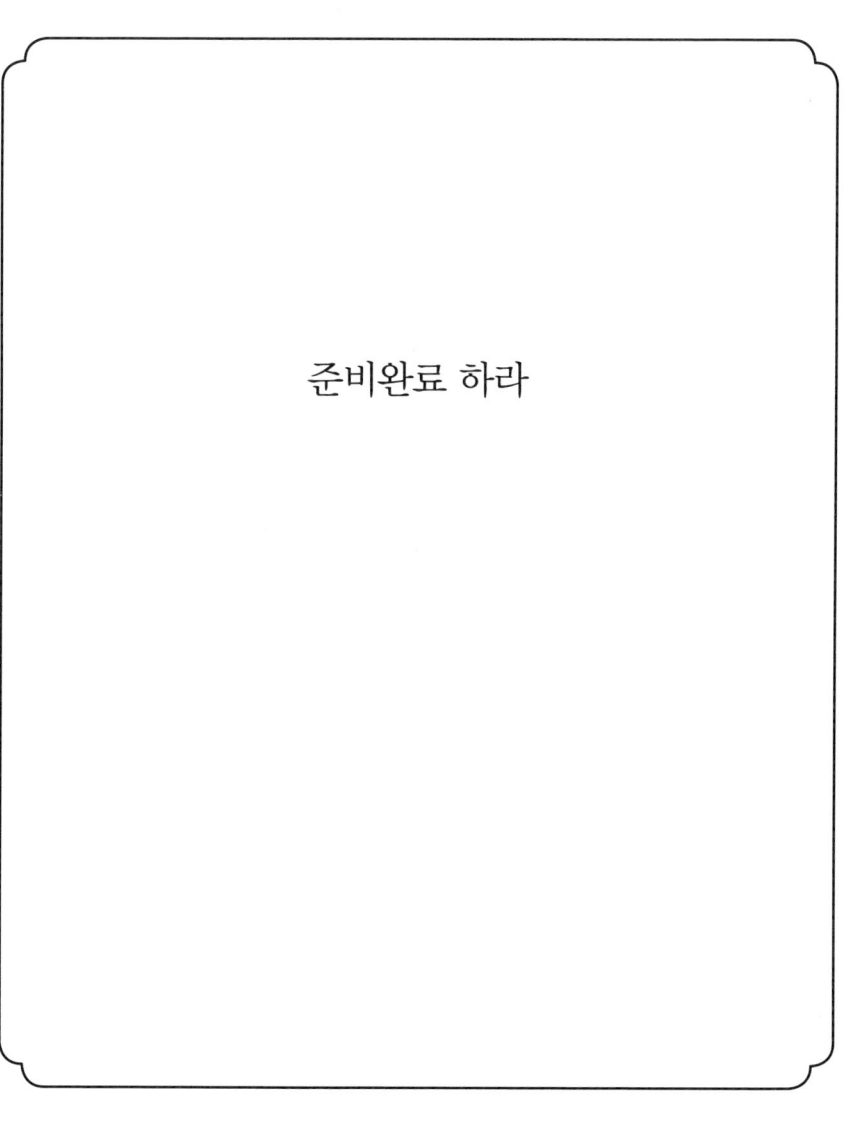

당신 생각보다 더 어려울 것이다

또 다른 매력을 발견하라

시간을 더 가지도록;
평생을 원하는 상대일 수 있다

자신만의 방식대로

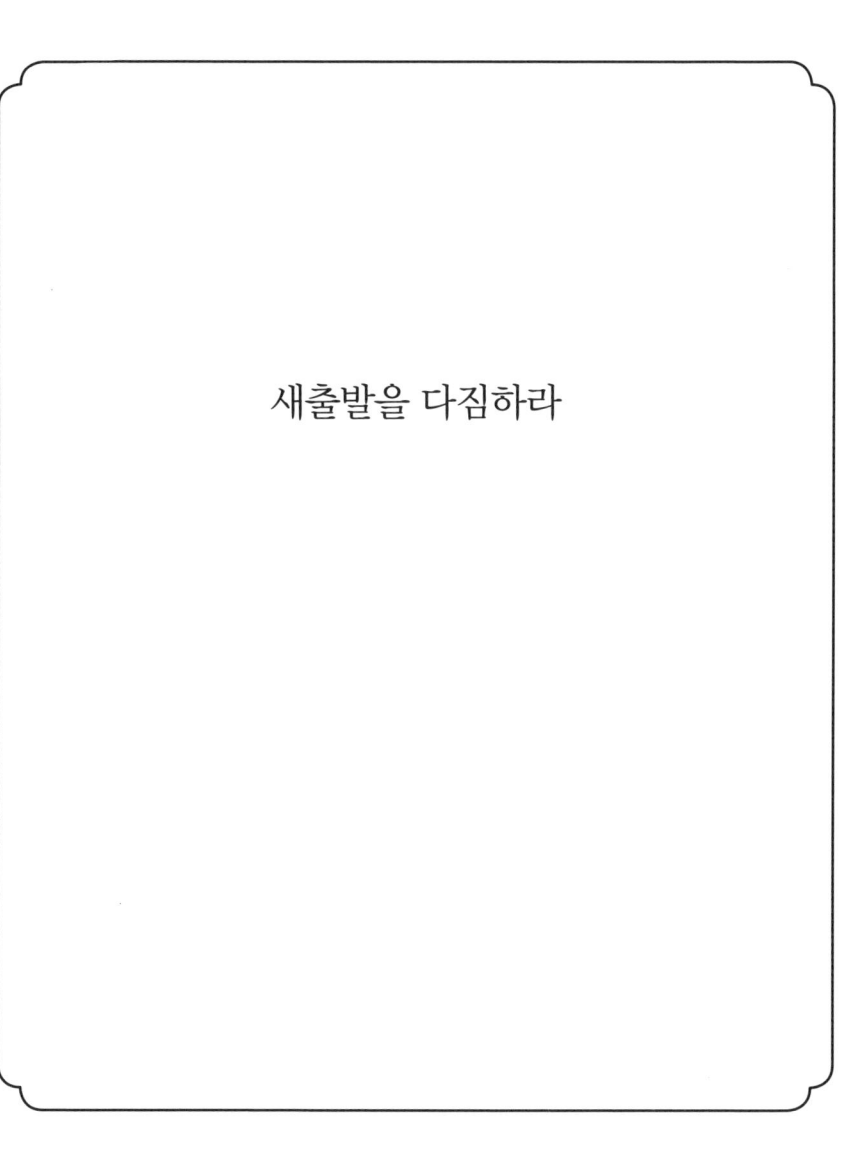
새출발을 다짐하라

가벼운 만남이란 없다

사랑스런 속삭임은 효과가 있을 것이다

먼저 식사부터 해라

떠날 때를 알아라

당신이 원하는 것을 명확히 하라

심장의 두근거림을 체크하라

논리적인 설명은 없다

머리부터 발끝까지 변신하라

제일 친한 친구와 상담하라

일단 자고, 내일 생각하자

몸부림쳐서 빠져나와라

데이트를 신청하라

유혹 해주기를 기다리지 마라

당신은 이미 선을 넘었다

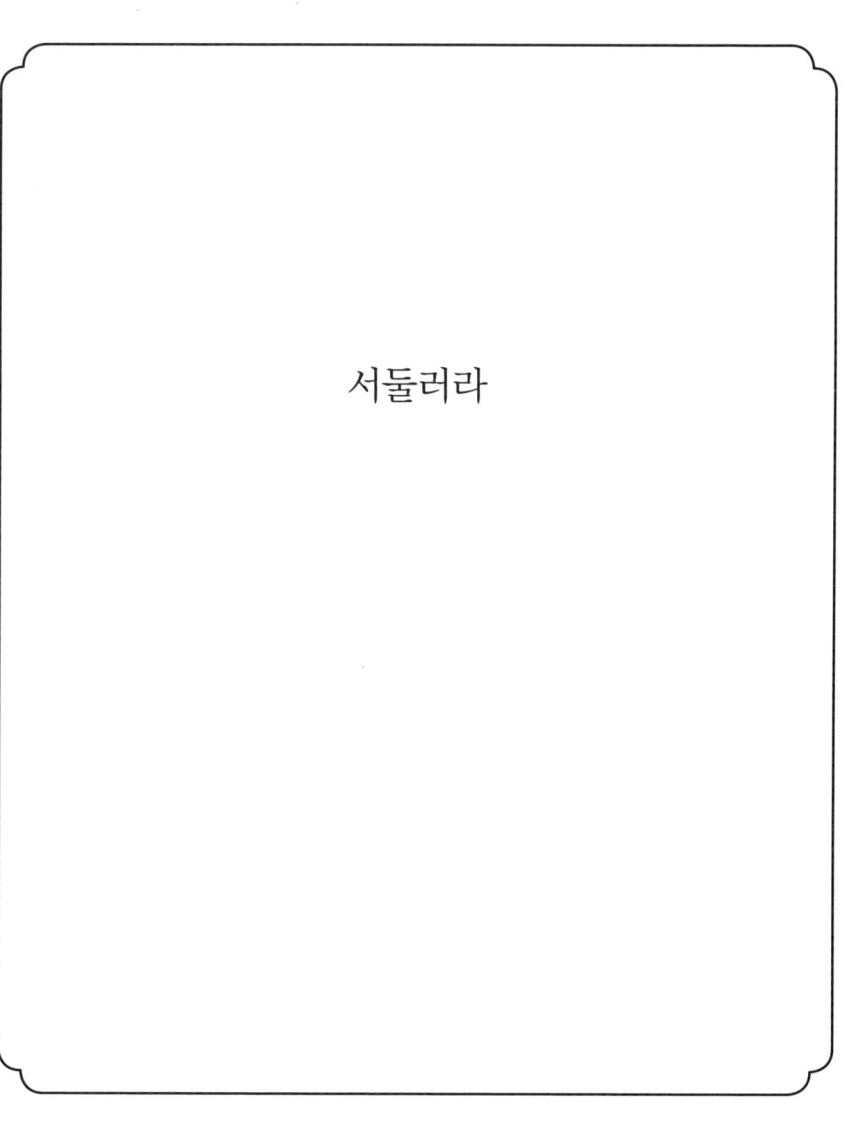

서둘러라

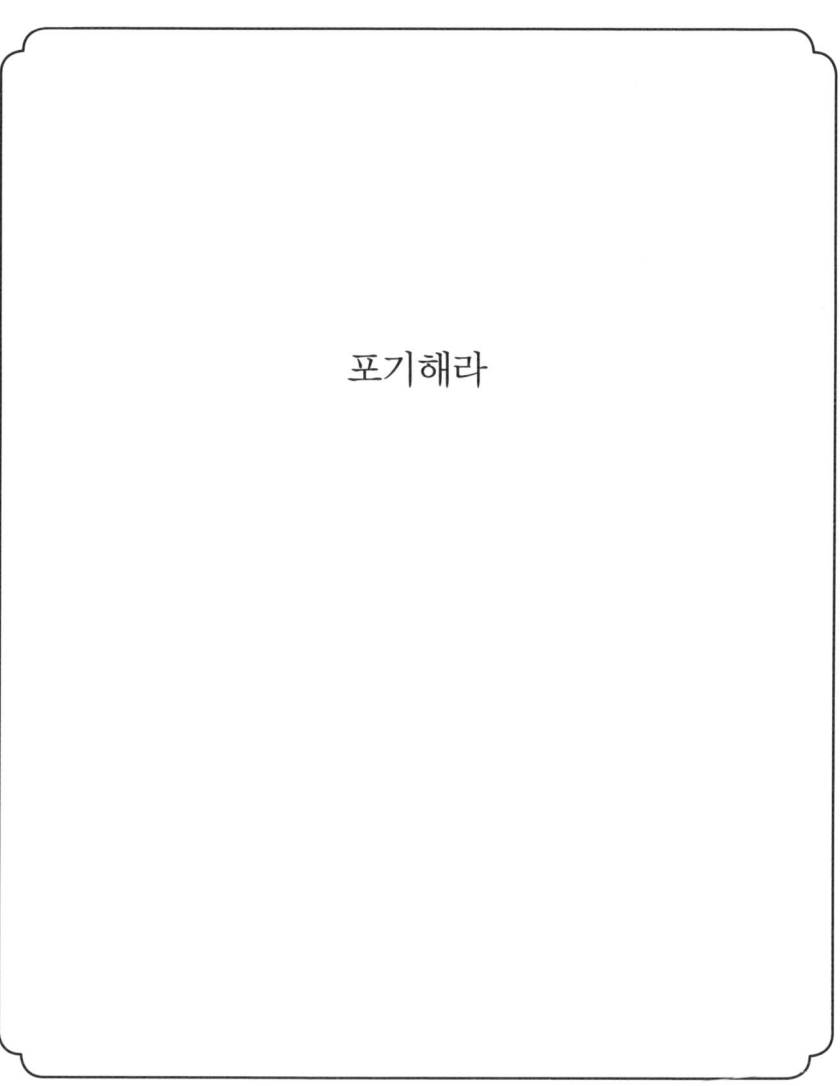

대신에 다른 것을 갈망하라

지금 아니면 영원히 끝

당신이 생각하는 것이 아니다

이번 한 번만, 받아 주어라

조금 거리를 둘 필요가 있다

아마도 내일 즈음?

집중하라

전속력으로 전진!

선택의 여지는 남겨 두어라

가장 확실한 방법은;
가까워 지는 것 뿐

그 속에서 안식처를 찾아라

시간을 비워 두어라

희망을 갖고 기다려라

다른 상황에서는 좋을 수도 있다

때는 지금이다; 다가가라

무엇을 기다리고 있단 말인가?

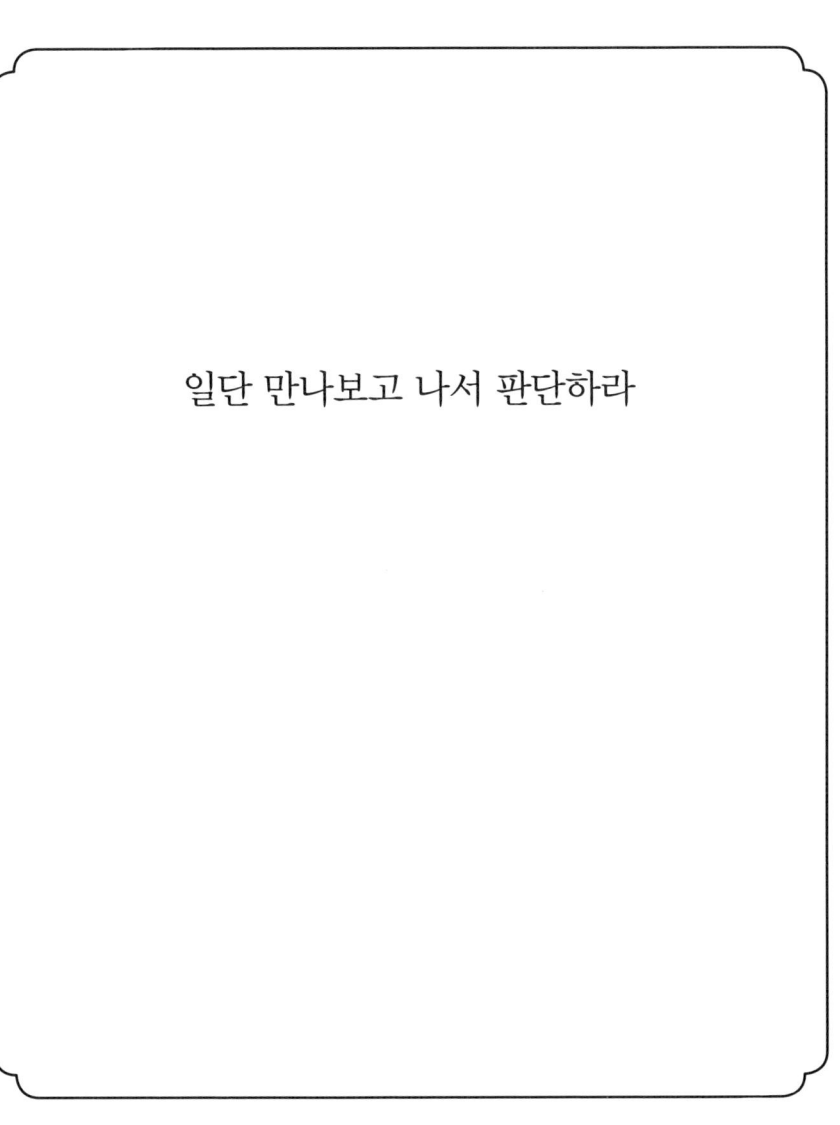

일단 만나보고 나서 판단하라

얻었다

둥지를 틀기 시작하라

일단 전념하기로 했으면,
망설이지 마라

너무 오래 끌었다

먼저 찬물로 샤워 한번하고,
다시 생각하라

고민해 보는 것도 나쁘지 않다

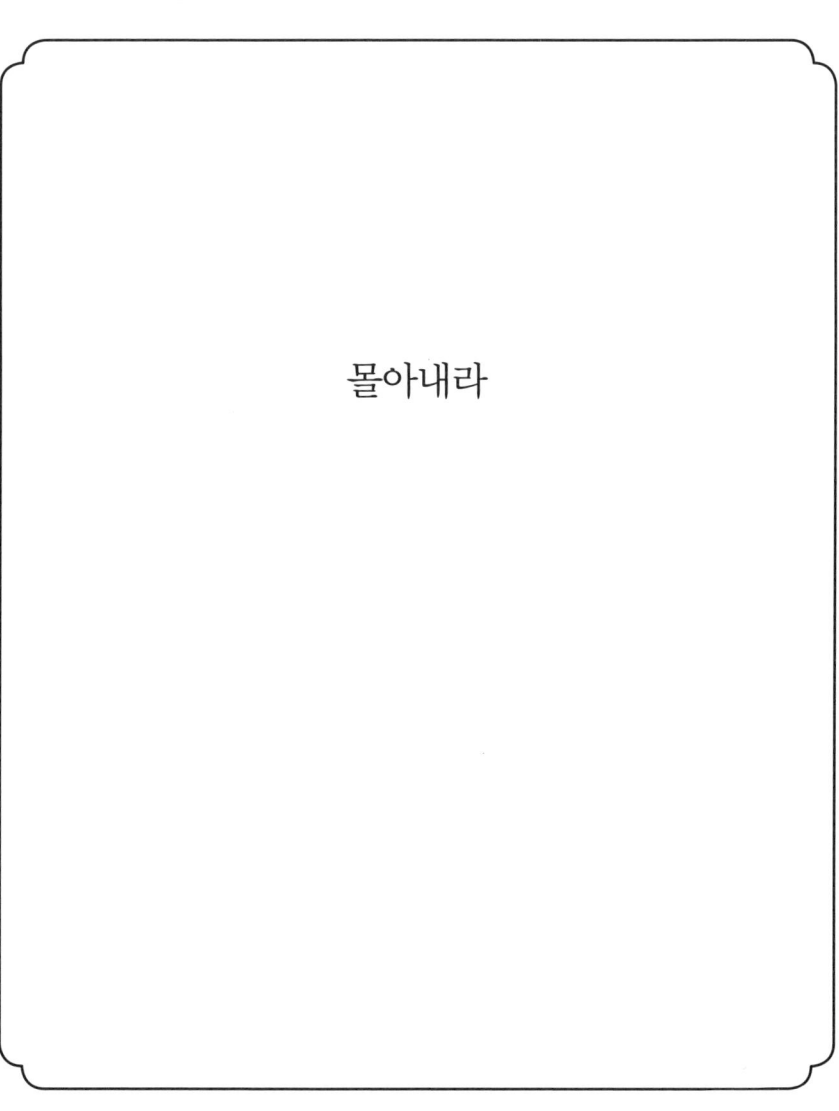

투자라고 생각하라

3자 개입을 경계하라

조금 더 알아내라

백지수표를 써라

지금 곁에 있는 사람을 사랑하라

지루해 질 것이다

달아오르도록 만들어라

모든 것을 시도하되,
도가 지나쳐선 안 된다

식욕을 더 돋구어라

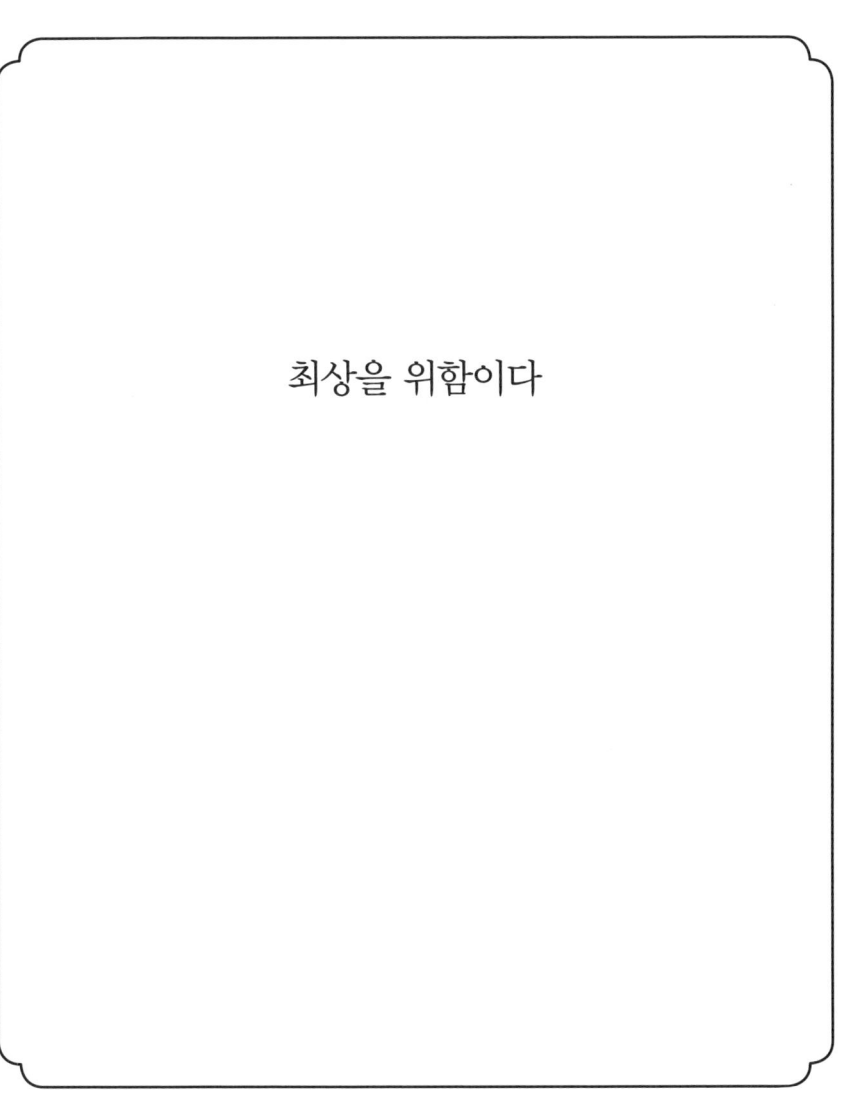

최상을 위함이다

욕심을 부려선 안된다

지금보다 조금 더 욕심을 내어도 좋다

더 나은 선택을 기다려라

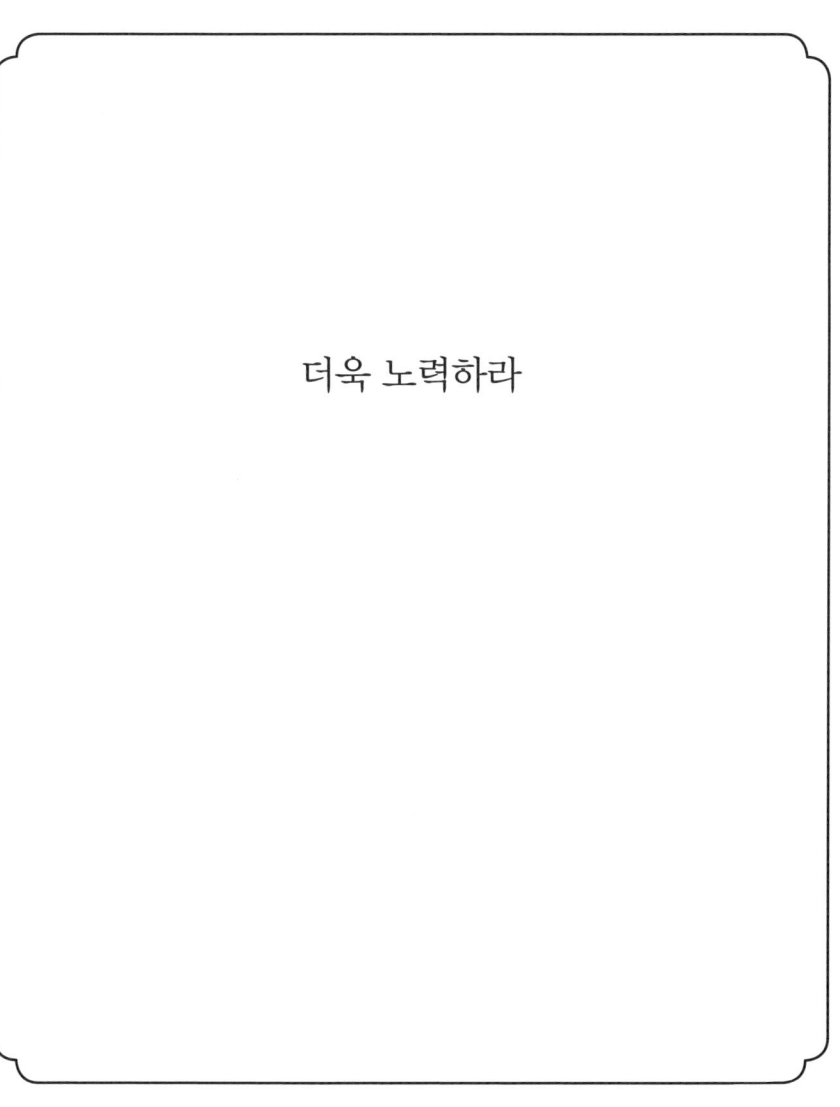

더욱 노력하라

일주일을 기다려라

충분히 즐길 만큼 즐겨라

잠시 떨어져 있어라

진지하게 받아들여라

너무 심각해지지는 마라

평범한 제안이란 없다

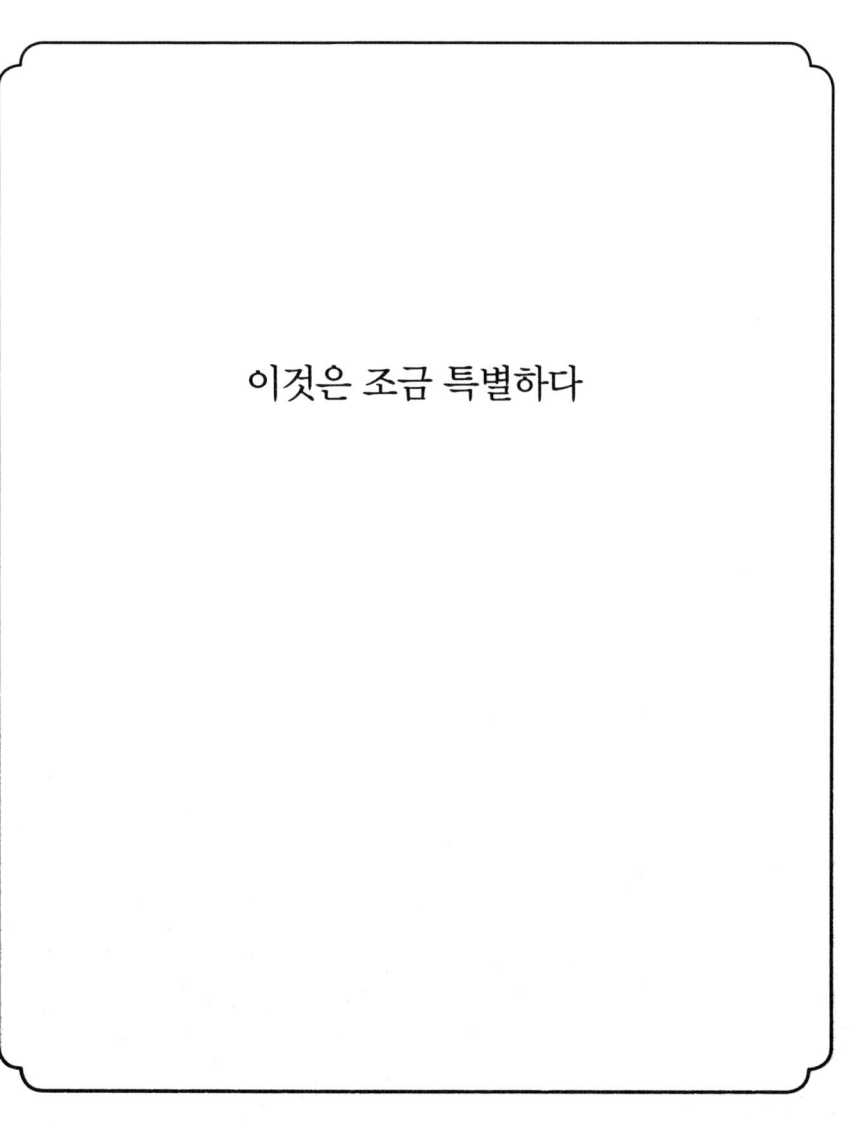

이것은 조금 특별하다

♥

최상의 향수를 뿌려라

백문이 불여일견

샴페인을 터트려라

존중하라

직접적으로

당신의 생각을 정확히 전달하라

다 가지는 것을 두려워 마라

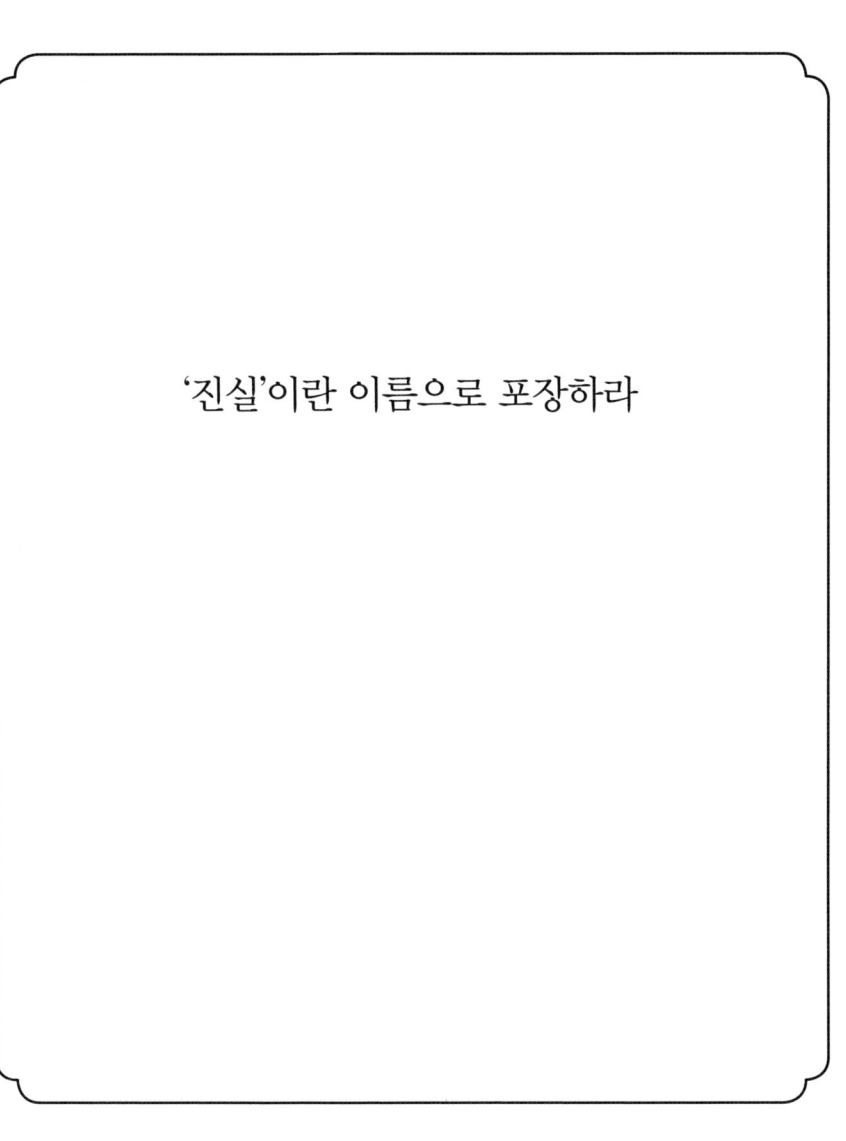

'진실'이란 이름으로 포장하라

비밀로 간직해라

대의명분을 제시하라

자신을 표현하라

꿈도 꾸지 마라

지금 전화해라

피해를 줄여라

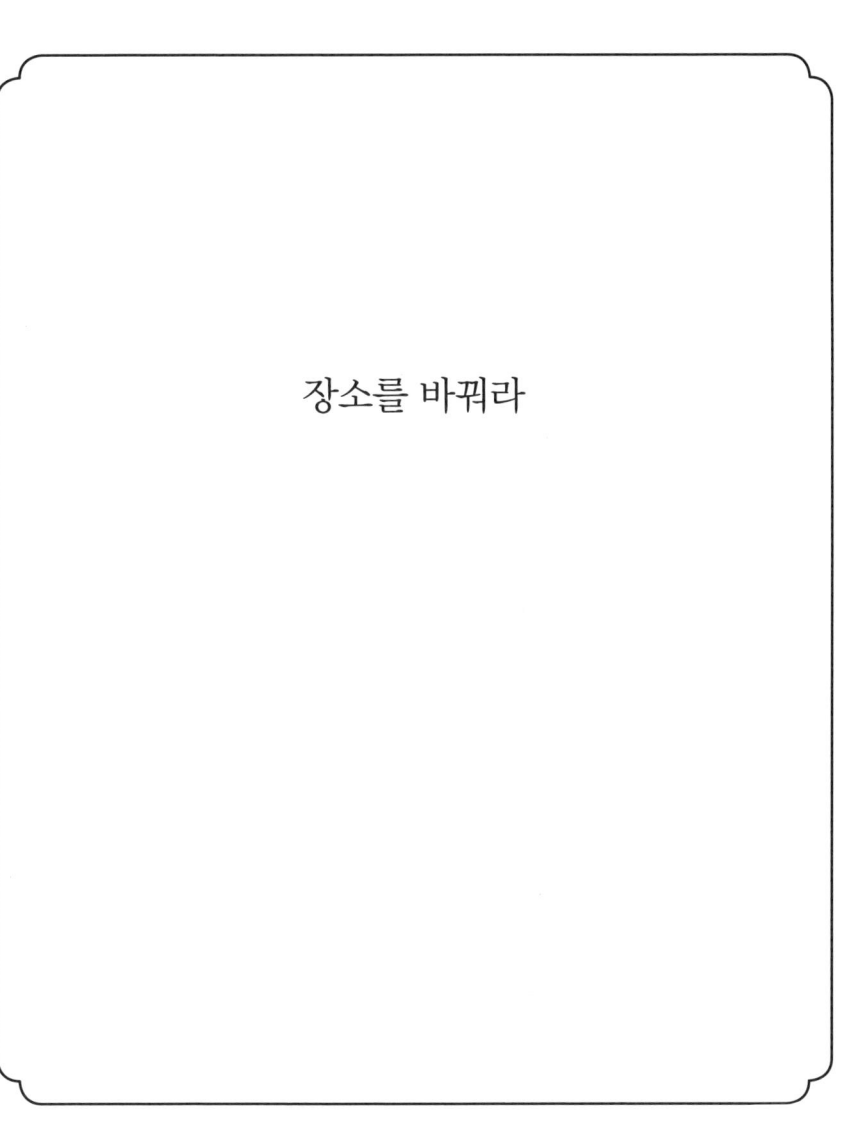

장소를 바꿔라

당신의 접근 방식을 업데이트 하라

당신이 생각하는 것보다
더 가까이 있다

유혹만이 유일한 방도는 아니다

서로의 생각을 조율하라

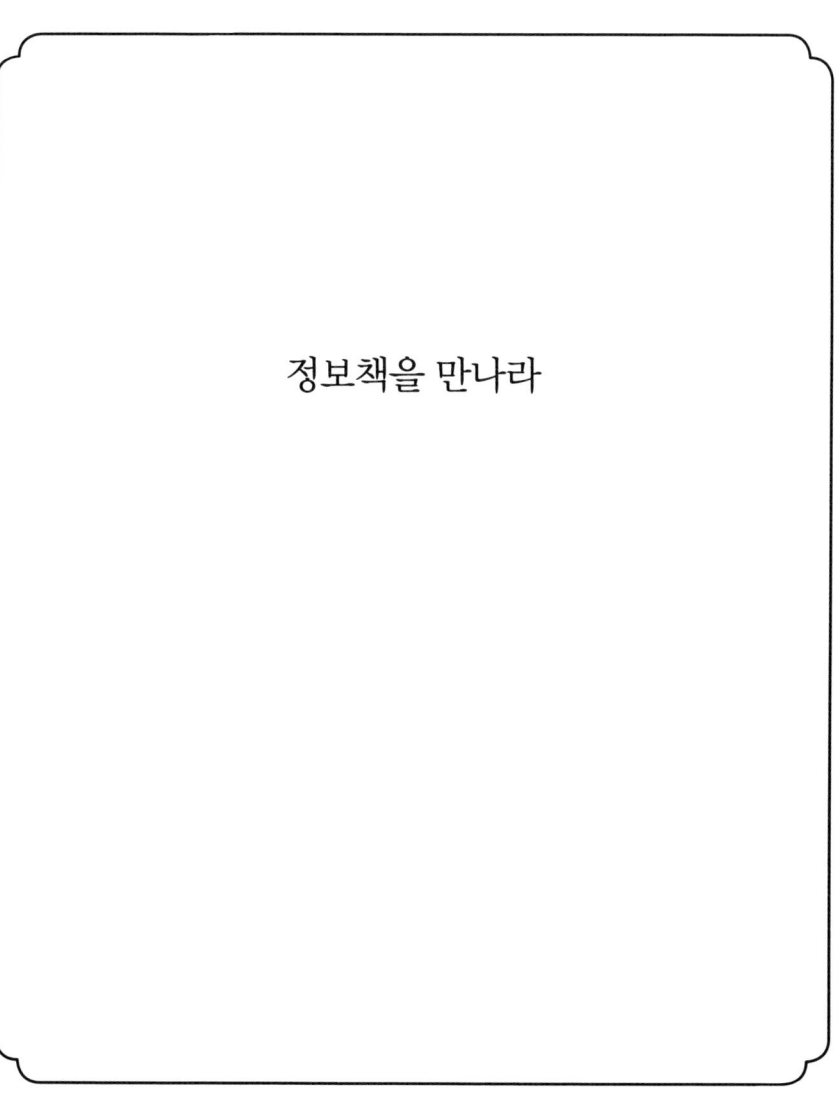

정보책을 만나라

자연스런 만남을 유도하라

진실은 자연스럽게 밝혀질 것이다

시작하기에 좋은 때이다

협상이 어느 정도 필요하다

적당한 때를 기다려라

만약, 당신이 그것을 알고 있는
유일한 사람이 아니라면

휴식을 취하라

진지하게 프로포즈 하라

"예" 라고 답하라

산책하라

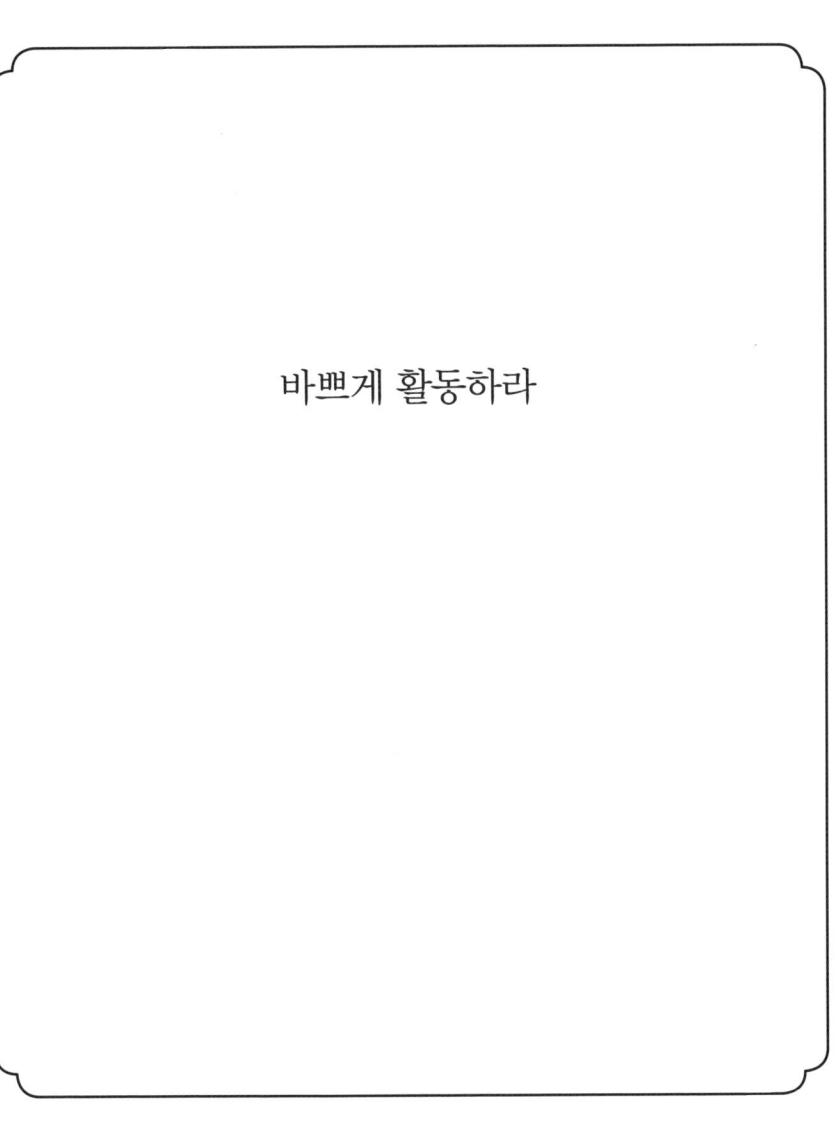

바쁘게 활동하라

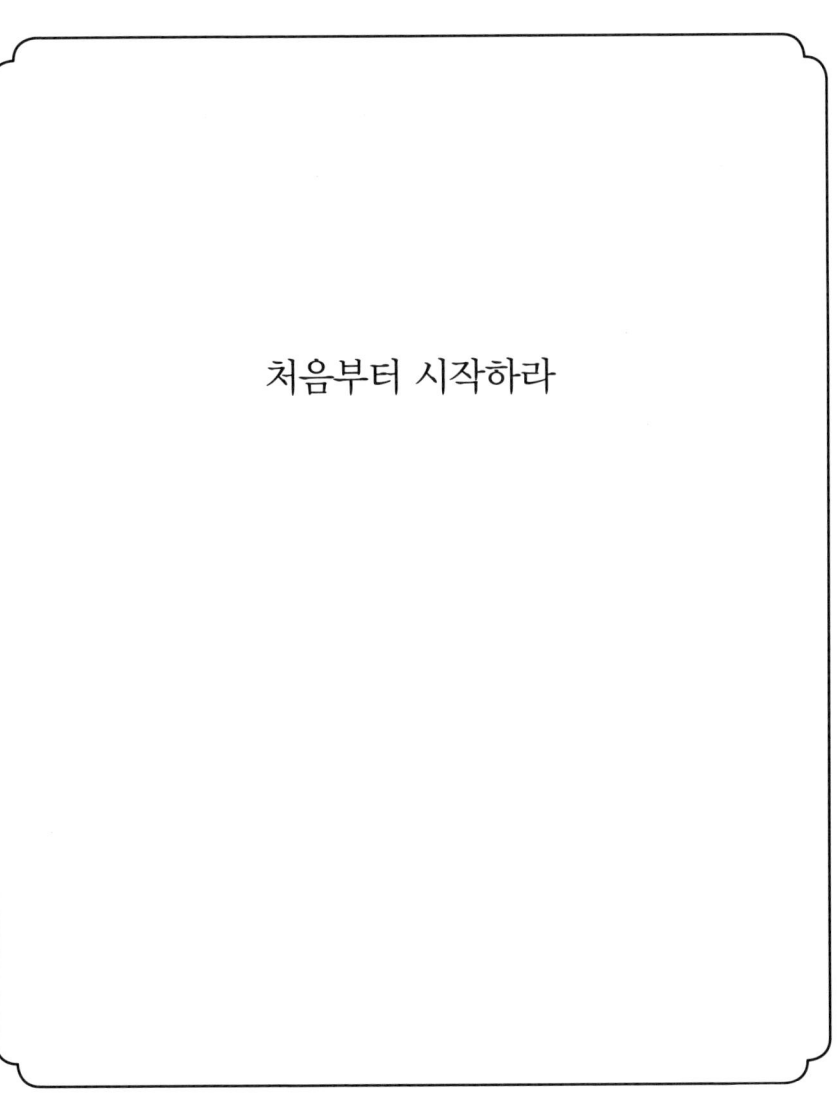

처음부터 시작하라

거의 승산이 없다

당신이 원하지 않을수도

흥미를 유지하라

거저먹기다

진정 원하고 또 원할 만한 것인가?

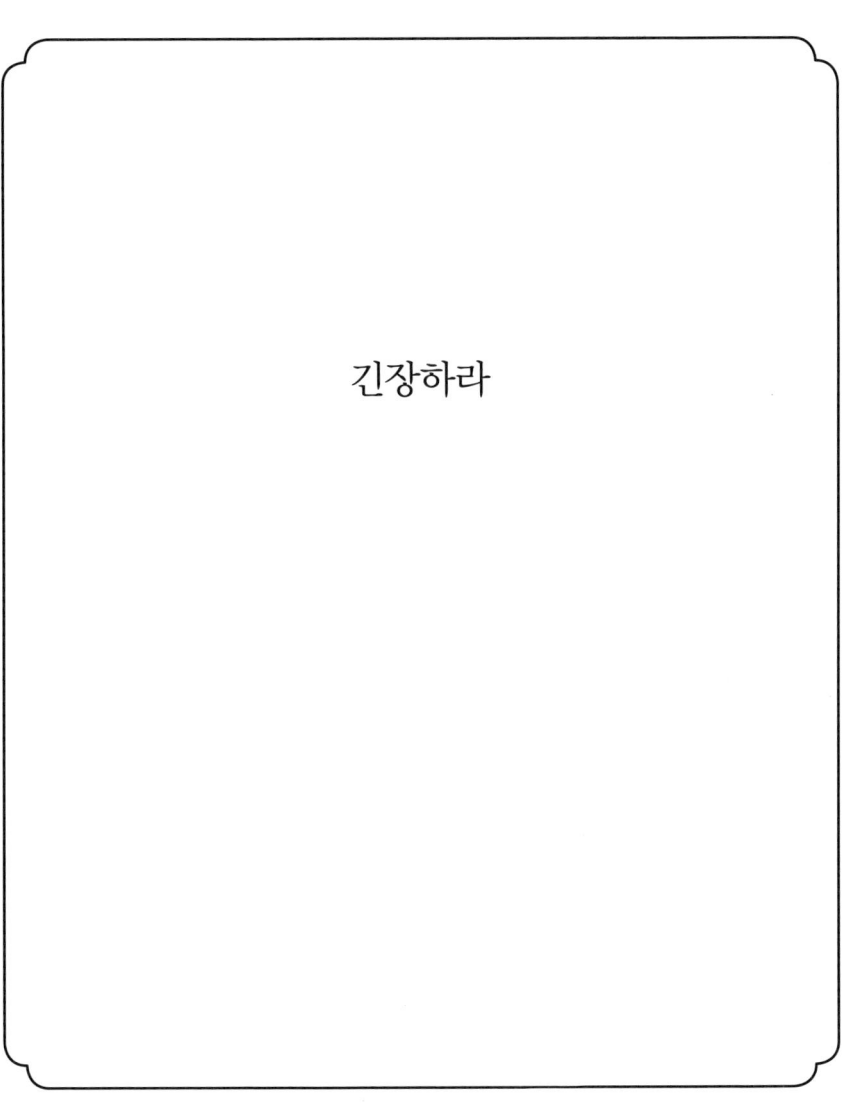

일탈을 시도하라

아직 늦지 않았다

사랑은 아직 끝나지 않았다

친절을 베풀어라

머리가 아닌, 느낌을 믿어라

상관없다, 당신은 멋있다

임자있는 몸은 잊어라

과거의 누군가를 고려해 보라

그 안에 있는 당신의 모습을 상상해 보라

옳고 그름은 없다

해피엔딩이 되겠다 싶으면

된다

도움이 필요할 것이다

책임을 져라

새로운 길을 개척해 보라

더 재미있는 면을 관찰하라

숨겨진 의미가 있다

시간을 더 만들어라

당신이 가진 모든 카드를 써라

디저트를 준비하라

오바해선 안된다

올 해는 가능하다

지은이 캐롤 볼트(Carol Bolt)
아티스트, 조각가. 언어, 회화, 조각 등 다양한 예술 분야에서 활동 중이다. 'The Book of Answers'는 그녀의 첫 번째 출판 작품이며, 현재까지 10개 언어로 번역 출판되었다. 이외에도, 'The Love Book of Answers', 'The Soul's Book of Answers' 등 계속해서 시리즈가 나오고 있다. 그녀는 미국 시애틀에 거주하고 있다.

옮긴이 천수현
시카고 컬럼비아 칼리지 필름 매니지먼트 전공/졸업. 미국 워너 브라더스 스튜디오에서 근무했으며, 현재 영화 시나리오 작가로 활동 중이다.

Special Thanks & Love to

Carol Bolt, 김성현, 한상미, 김명정, sabo, 송미란, 이현진, 김민혁, 최충환, 빵개, 박관주, 김태은, 최희정, Bazzar Korea, 엘르, 마리끌레르, Bling, 놀러와 제작팀, 오충환, 레오기획, 동틀 때, 유중식, 송인서적, 디노빌 가족, 박시몬, 박미카, 김종선, 이선정, 원유경, 박대원, 이준석, 최종욱, 이동화, 이상효, 김보현, 하병제, 신현식, STJ, 정장현, 김신, 스테디스테이트, 양평밸리, 이경석, 공유석, 전경식, 옥탑방, 강하테니스클럽, Matt Robeson, Noriyuki Hiraki, Otto, 황상윤, 라엔뜨레 가족, 진광운, 민현정, 이영성, 김유경, 한주미, 이동욱, 김판진, 김동언, 방중현, 방라마, 김경은, Curmas 가족, 이정복, Kelita & Co., 에릭양 에이전시, 전정자, 곽성호, 송병규, 문태일, 임충진, 성재명, 조이사, Dr. Ryu Family, 화영, 지영, 배서방, 배성현, 부모님…

그리고, 사랑을 추억하는 사람들, 사랑을 하고 있는 사람들, 사랑을 준비하는 사람들 모두에게 사랑을 담아 이 책을 바칩니다.

THE BOOK OF LOVE ANSWERS™
내 사랑의 해답

초판 1쇄 발행일 2012년 2월 14일
초판 7쇄 발행일 2024년 10월 18일

지 은 이	캐롤 볼트(Carol Bolt)
옮 긴 이	천수현
펴 낸 이	천수현
기 획	조은주
제 작	성재명
디 자 인	원유경
인 쇄	(주)신성토탈시스템

펴 낸 곳	쇼비픽쳐스(주)
등 록	2010년 2월 4일 제 2010-02호
주 소	경기도 광주시 퇴촌면 영동길 65-45
전 화	(031) 763-5265
팩 스	0303-3443-5264
이 메 일	showbee@showbee.com

http://www.showbee.com
ISBN 978-89-965501-2-9-03690

* 잘못된 책은 구입하신 서점에서 교환하여 드립니다.